朝10分でできる

スープ弁当

有賀 薫

マガジンハウス

一品で心もお腹も満たされる
スープ弁当を
はじめよう

お昼ごはん、いつも何を食べていますか?
買ってきたものや外食で、片手間に済ませてしまうことが多いのではないでしょうか。
でも一日の中心にある昼食だからこそ、一番たっぷり、しっかり食べたいですよね。

スープ弁当は、あなたの昼食を変える新習慣です。切って煮るだけ、朝10分でできる手軽さ。

スープジャーがひとつあれば、お昼にあたたかいスープが食べられます。具がぎっしり入った「食べるスープ」は、これだけでかなりの食べごたえ。小さなおにぎりやパンを添えれば大満足のボリュームです。

肉も野菜も十分にとって、健康的に、おいしく、しかも経済的。手作りするから味つけも素材も自分の好みで作れるし、具材選びで栄養管理も簡単にできるのです。

心とお腹をやさしく満たすスープ弁当、さあ、今日からはじめましょう!

朝10分でできる！

1. 煮立てる

レシピの基本は、具、水、調味料を一緒に小鍋に入れて、一度「沸騰＝煮立たせる」だけ。面倒なだし取りも不要！同時並行調理であわてることもありません。忙しい朝のことだから、手をかけずにスピーディに作れるスープレシピになっています。

2. ジャーに注ぐ

注ぐ前に、ジャーを予熱しておきます（P13）。スープができたら、まず具を箸スープジャーで簡単！

スープ弁当が

や柄の長いスプーンで移してから汁を注ぐと、きれいに入ります。最後、大きな具を上に持ち上げておくのを忘れずに。開けた時、おいしそうに見えます。

3. お昼まで待つだけ！

スープジャーの人気の秘密は、高い保温力であったかいまま食べられるのはもちろん、お昼まで待つ間に具材にじわじわ火が通る「保温調理」ができること。具だくさんのスープさえあれば、お昼もお腹いっぱい。制約のあるお弁当に最適なのです。

もくじ

一品で心もお腹も満たされる
スープ弁当をはじめよう……2

スープジャーで簡単！
スープ弁当が
朝10分でできる！……4

ひとり分でもおいしい！
スープ弁当のコツ……10

スープジャーのいいところ……12

PART 1 秋冬のスープ弁当

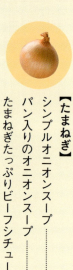

【たまねぎ】
シンプルオニオンスープ……16
パン入りのオニオンスープ……18
たまねぎたっぷりビーフシチュー……20
たまねぎと牛ひき肉の塩スープ……22
たまねぎトマトカレー……24
肉じゃがスープ……25

【にんじん】
にんじんとサラダチキンのスープ……26
にんじんとパセリのカレースープ……28
にんじんと油揚げの和風スープ……30

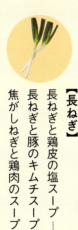

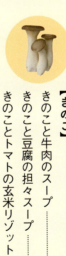

【小松菜】
小松菜と豚肉のケチャップスープ …… 32
もち麦と鶏ひき肉のリゾット …… 34
小松菜と卵焼きのスープ …… 35

【ブロッコリー】
ブロッコリーと厚揚げのごまみそ汁 …… 36
ブロッコリーとトマトの酸辣湯 …… 38
ブロッコリーとえびのカレースープ …… 40

【長ねぎ】
長ねぎと鶏皮の塩スープ …… 42
長ねぎと豚のキムチスープ …… 44
焦がしねぎと鶏肉のスープ …… 46

【きのこ】
きのこと牛肉のスープ …… 48
きのこと豆腐の担々スープ …… 50
きのことトマトの玄米リゾット …… 52

【かぼちゃ】
かぼちゃと鶏肉の豆乳シチュー …… 54
かぼちゃのピリ辛野菜カレー …… 56
かぼちゃと鶏肉の押し麦リゾット …… 57

【白菜】
白菜と鶏小判の塩スープ …… 58
鶏小判の春雨スープ …… 60
白菜と鶏小判のトマトスープ …… 61

【かぶ】

かぶとツナの和風スープ …… 62

かぶとえびのとろみスープ …… 64

かぶと切り干し大根のスープ …… 66

【鮭】

鮭とじゃがいものバターみそ汁 …… 68

鮭と野菜のミルクスープ …… 70

鮭と豆苗、まいたけのみそ汁 …… 71

【豚肉】

くるくる豚汁 …… 72

カレーくるくる豚汁 …… 74

豚とごぼうのみそうどん …… 76

Column　あると便利！　優秀食材 …… 78

PART 2 春夏のスープ弁当

【キャベツ】

キャベツとハムのサワースープ …… 80

キャベツとさんま缶の中華スープ …… 82

キャベツとソーセージのポトフ …… 84

【プチトマト】

プチトマトとサバ缶のみそスープ …… 86

プチトマトとツナのクリームスープ …… 88

プチトマトとサバ缶のバジルスープ …… 90

【なす】

なすと豚ひき肉のしそスープ …… 92

麻婆なす風スープ …… 94

なすと豚肉のエスニック風スープ …… 96

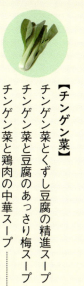

【オクラ】

オクラと卵のかきたま汁……98
オクラと長いものスープ……100
オクラと鶏肉の卵スープ……101

【ピーマン】

ピーマンとベーコンのみそ汁……102
ピーマンとじゃこの昆布スープ……104
ピーマンとザーサイのピリ辛スープ……105

【チンゲン菜】

チンゲン菜とくずし豆腐の精進スープ……106
チンゲン菜と豆腐のあっさり梅スープ……108
チンゲン菜と鶏肉の中華スープ……109

【きのこ】

なめコーンスープ……110
えのきとコーンのかきたまスープ……112
なめこと鶏ひき肉のほうじ茶リゾット……114

【缶詰】

豆とミートソース缶のクイックスープ……116
豆入りミネストローネ……118
ミートソース缶のトマトペンネ……120

食材別インデックス……122

おわりに……126

ひとり分でもおいしい！
スープ弁当のコツ

スープジャーで作るスープは、いつものスープとはちょっと違います。まず、ひとり分の少量レシピであること。ほとんどのレシピは10分以内ででき上がります。それでいて食べごたえがあり、お腹もしっかり満たされるよう、具だくさんにしてあります。

また、食材・味つけの組み合わせや加熱の工夫によって最大限のおいしさを引き出し、時間が経ってからでもおいしく食べられるのもポイント。より満足度の高い〝スープ弁当〟を作るために、レシピに共通する3つのポイントを紹介しましょう。

ジャーひとつに具だくさん！
野菜を"食べる"イメージで

普通のお弁当は、おかず数品を作ってあれこれ詰めます。でもスープ弁当なら、作るのはひとつだけ。季節の野菜を存分に楽しむために、ゴロゴロ大きめに切ったり、加熱でかさを減らし、たっぷり使います。口いっぱい頬張れるスープだから、しっかり満腹になるのです。

ジャーに入る具材の量は、こぶし大くらい（1カップ山盛り）。野菜多めがポイント。

炒めたり蒸し煮にして短時間で旨味を引き出す

本書のレシピは、材料が少なめ。具が2、3種類と調味料、そして水です。あれこれ煮込んで複雑にするわけではないので、食材本来の風味を生かします。油でさっと炒めたり、ごく少量の水を加えてふたをして蒸し煮にすることで、味がボヤけず濃くなります。

スープの水加減も最低限だから、ちょっと汁が多めの“煮物感覚”。旨みがしっかり残せます。

ラクしたいからこそスープの素は使わない

コンソメキューブや和風だしの素などは使わなくて大丈夫、と考えています。食材や調味料の旨みを利用して満足感を味わえれば、作る手間も最低限で済みます。時に昆布やきのこなど旨みの強い食材など（P78）を味方につけることもスープの楽しさ。

みそ汁にも洋風スープにも重宝する昆布。旨みを出し、食べやすくするために小さくカット。

あったかいだけじゃない！

スープジャーのいいところ

1 「保温調理」してくれる！

あらかじめ予熱して、十分に熱いスープを注ぐことで「保温調理」に。長時間鍋で煮込まずに、数分火にかけて注ぐだけで、スープ弁当の準備完了。

2 しっかり密閉できる

内ふたと外ふたが二重になっていて、密閉性があるうえ開けやすいのが特徴。また分解しやすく広い口になっているので細部まで洗いやすく、衛生面も安心です。

3 お昼まであったか保温

魔法びんの構造によって、6時間保温の効果が持続します。スープジャーなら、朝作ってお昼にあったかいスープを食べることができます。

4 お米やパスタもお任せ！

スープ以外に、リゾット風やおかゆなども対応。生米や乾燥のショートパスタからでも、沸騰したお湯を入れて保温すれば簡単にでき上がります。

保温のコツ

湯を入れて
あたためておく！

完成したスープを入れる前に、ふたを外し、熱湯を注いでジャーをしっかり温めます。

ジャーを包む！

保温力をさらに高めてくれる、断熱材でできた専用ポーチもおすすめ。タオルで包むだけでも違います。

＊スープジャーの保温機能・注意事項についてはメーカーによって異なるので、お使いの説明書を事前に確認してください

レシピのルールと注意事項

・本書のスープは朝作って、お昼に食べることを想定しています。作ってから6時間以内に食べるようにしてください。それ以上時間が経つと、スープが冷めたり、腐敗の原因にもなります。

・電子レンジの加熱時間は600Wのものを基準にしています。500Wの場合は加熱時間を1.2倍にしてください。機種により差が生じるので、調整しながら加熱してください。

・計量については、大さじ1＝15mℓ、小さじ1＝5mℓ、ひとつまみ＝0.9gで計算をしています。

・調味料で使用している塩は食塩（精製塩）を使っています。小さじ1＝6gです。天然塩を使う場合は、小さじ1が塩5gになるので、やや増やして調整をしてください。

・本書では、中身がしっかりと見えるように、スープを多めに入れて撮影しています。実際には、ジャー本体の説明書に従って、入れすぎないようにご注意ください。多すぎると、ふたをしたときにあふれたり、もれたりする可能性があります。また、少なすぎると、中の温度が下がりやすくなるので、容量の調整を十分行ってください。

・スープジャーは電子レンジにそのままかけられません。また、ジャー本体は、食洗機での使用はできません（ふたは可能）。

PART 1

秋冬のスープ弁当

寒い日のランチには、温かいスープのうれしさも倍増。
根菜やきのこ、小松菜や白菜などの葉物など、
秋冬に旬を迎える食材を中心に作った、スープ弁当36品。
シンプルレシピ「まずはここから！」でコツを覚えて、
アレンジレシピで味わいに変化を持たせてみましょう。

たまねぎ
旨みがギュッと詰まったスープの人気野菜

まずはここから！

シンプルオニオンスープ

丸ごと1個分の飴色たまねぎが香ばしい、スープの定番。
長時間炒めなくても、十分なコクがあります。

材料（1人分／ジャー300㎖）

たまねぎ──1個
バター──10g
塩──小さじ1/3
こしょう──少々
粉チーズ──小さじ1

作り方

1. たまねぎは縦半分に切ってから、繊維に沿って薄切りにする。

2. 鍋にたまねぎと塩を入れ、水50㎖を加えて中火にかける。4〜5分煮て水分が飛んだらバターを加えて、色づくまで炒める。

3. 水200㎖を加えて煮立たせ、こしょうをふってジャーに移す。粉チーズはラップに包み、食べるときにかける。

POINT　飴色たまねぎは、最初に少量の水を入れて煮ることで早く作れます。フライパン全体に広げ、なるべく触らず、焦げ付き始めたら少量の水を加えてゆるめる。この繰り返しで色づいていきます。

〝飴色たまねぎ〟をジャーで味わう！

パン入りのオニオンスープ

シンプルオニオンスープよりも、食べごたえがあって満足度がアップ。
かたいパンでも水分を吸って、食べやすくなります。

材料（1人分／ジャー300㎖）

たまねぎ——大1/2個
バター——10g
塩——ひとつまみ
こしょう——少々
バゲット（スライス）——1枚
とろけるチーズ——10g

作り方

1. たまねぎは繊維に沿って薄切りにする。バゲットはオーブントースターで色づくまで焼く。
2. 鍋にたまねぎと塩を入れ、水50㎖を加えて強火にかける。4～5分煮て水分が飛んだらバターを加えて、色づくまで炒める。
3. 水200㎖を加えて煮立たせたらこしょうをふる。ジャーに移し、バゲットを少し押し込むようにしてのせ、チーズをかける。

たまねぎたっぷりビーフシチュー

コトコト煮込まずに、お手軽シチューがスープジャーで作れます。
飴色たまねぎで、レトルトの味を格上げしてくれます。

材料（1人分／ジャー300㎖）

たまねぎ —— 1/2個
にんじん —— 2㎝
焼き肉用牛肉（好みの部位）—— 60g
干ししいたけ（戻したもの）—— 1/2枚
バター —— 10g
塩 —— ひとつまみ
デミグラスソース（缶詰またはレトルト）—— 大さじ3（50g）
パセリ —— 適量

作り方

1. たまねぎは繊維に沿って薄切りにする。にんじんと干ししいたけは食べやすく切る。

2. 鍋にたまねぎと塩を入れ、水50㎖を加えて強火にかける。4～5分煮て水分が飛んだらバターを加えて、色づくまで炒める。

3. にんじんと水100㎖を加えて2分、牛肉と干ししいたけを加えて2分煮る。デミグラスソースを加え、ジャーに移す。好みでパセリをラップに包み、食べるときにのせる。

POINT 炒めたまねぎを多めに作って冷凍庫に入れておくと、いつでも使えてとても便利。ビーフシチューもあっという間に作れます。

まずはここから！

たまねぎと牛ひき肉の塩スープ

たまねぎを色づかないように炒めて、食感を残したタイプ。
蒸し煮で甘くなったたまねぎにひき肉が絡みます。新たまねぎでもおいしい。

材料（1人分／ジャー300mℓ）

たまねぎ――1/2個
牛ひき肉――50g
塩――ひとつまみ
しょうゆ――小さじ1
サラダ油――小さじ2
こしょう――少々

作り方

1 たまねぎは輪切りにするように8mmの厚さに切る。

2 鍋にたまねぎと塩、水50mℓを入れ、ふたをして中火にかけて蒸し煮する。3分たったらふたをあけ、水分を飛ばして油を加える。

3 ひき肉としょうゆを小さなボウルに入れて水150mℓで溶き、②の鍋に加えて煮立たせる。アクをすくい、ジャーに移す。こしょうをふる。

POINT たまねぎは輪切りのように繊維に垂直に切ると、やわらかくトロトロの食感に！　蒸し煮にすることで刺激臭もなくなります。

“白いたまねぎ”は和にも使える！

たまねぎトマトカレー

あっさり味のカレー風スープ。カレールウを入れる分、塩を減らします。

材料（1人分／ジャー300mℓ）

たまねぎ── 1/2個
牛ひき肉── 50g
プチトマト── 3個
塩──ひとつまみ
カレールウ（フレーク状のものが便利）
──大さじ1と1/2
サラダ油──小さじ2
こしょう──少々

作り方

1. たまねぎは輪切りにするように8mmの厚さに切る。プチトマトは半割りにする。
2. 鍋にたまねぎ、塩、水50mℓを入れ、ふたをして中火で蒸し煮する。3分たったらふたをあけ、水分を飛ばして油とトマトを加え、さらに1～2分炒める。
3. ひき肉を水100mℓで溶き、②の鍋に加えて、煮立たせる。カレールウを加えて、溶けたらこしょうをふってジャーに移す。

肉じゃがスープ

甘辛味にして、じゃがいもと一緒に煮込みます。豚肉でもおいしい。

材料（1人分／ジャー300㎖）

たまねぎ —— 1/4個
牛薄切り肉 —— 50g
じゃがいも —— 小1/2個
塩 —— ひとつまみ
しょうゆ —— 小さじ1と1/2
砂糖 —— 小さじ1
サラダ油 —— 小さじ2

作り方

1. たまねぎは輪切りにするように8㎜の厚さに切る。じゃがいもは3等分に切る。
2. 鍋にたまねぎ、塩、水50㎖を入れて中火にかけ、ふたをして蒸し煮する。3分たったらふたをあけ、水分を飛ばして油、じゃがいもを加えて炒める。
3. 牛肉、しょうゆ、砂糖をボウルに入れ、水150㎖を加えて溶く。これを②の鍋に加えて、煮立たせたらスープジャーに移す。

ビタミンカラーで元気が出る！

まずはここから！

にんじんとサラダチキンのスープ

サラダチキンとにんじんを合わせたホットサラダ風スープです。
せん切りにすることで、にんじんの甘みがきわ立ちます。

材料（1人分／ジャー300㎖）

にんじん —— 1/3本
サラダチキン —— 40g
サラダ油 —— 小さじ2
塩 —— 小さじ1/3
牛乳 —— 大さじ2

作り方

1. にんじんはスライサーでせん切りにする。サラダチキンはひと口大に割く。

2. 鍋に油とにんじんを入れ、中火で3分ほど炒める（途中焦げそうになったら、水を少量足す）。

3. サラダチキンと水150㎖、塩を加えて1～2分煮る。最後に牛乳を加えてジャーに移す。

POINT　スピーディーにせん切りするには、スライサーがおすすめ。「にんじんしりしり器」なら、味がなじみやすくなります。皮はむかなくても大丈夫です。

鶏の旨みとにんじんの甘みが混ざりあう

にんじんとパセリのカレースープ

にんじんとサラダチキンのスープに、カレー粉とパセリで香りをプラスします。
パセリは具として多めに入れるとおいしい。

材料

にんじん――1/3本
サラダチキン――40g
パセリ――3房
サラダ油――小さじ2
塩――小さじ1/3
牛乳――大さじ2
カレー粉――小さじ1/2

作り方

1. にんじんはスライサーでせん切りにする。パセリはみじん切りにする。サラダチキンはひと口大に割く。
2. 鍋に油とにんじんを入れ、2～3分中火で炒める。
3. サラダチキンと水100mℓ、塩を加える。沸騰したら、みじん切りにしたパセリと牛乳、カレー粉を加えて再度あたためてジャーに移す。

POINT にんじんは、甘味が出てきたなと思うまでよく炒めましょう。少量の場合は焦げつきやすいので、水少々を途中で加えてもOK。

にんじんと油揚げの和風スープ

油揚げでだしいらず&ボリュームもアップします。
肉なしでも、食べごたえがあるのでお腹いっぱいに。

材料（1人分／ジャー300mℓ）

にんじん —— 1/3本
油揚げ —— 1/2枚
豆苗 —— 少々
ごま油 —— 小さじ2
塩 —— 小さじ1/3

作り方

1. にんじんはせん切りにする。豆苗は半分に切る。油揚げは1cm幅の短冊切りにする。

2. 鍋にごま油とにんじんを入れて2〜3分ほど中火で炒め、油揚げ、水200mℓ、塩を加えて煮立たせる。豆苗を加え、火を止めてジャーに移す。

POINT 豆苗は加熱してもシャキシャキ感が失われず、スープジャーに向いています。手でちょっとちぎって入れれば、彩りにもなって便利です。

アクがなく
スープジャーに
ぴったり！

まずはここから！

小松菜と豚肉のケチャップスープ

トマトや缶詰がなくても、ケチャップだけで簡単トマト味に。
豚肉を焼いた旨みも、スープ全体に広がります。

材料（1人分／ジャー300㎖）

小松菜――1/4束
豚ロース薄切り肉（しょうが焼き用）――60g
ケチャップ――大さじ2
塩――ひとつまみ
オリーブオイル――小さじ2

作り方

1. 小松菜は根を落とし、4㎝幅に切る。豚肉は2㎝幅に切る。
2. 鍋を中火にかけ、オリーブオイルを熱して肉を入れ、なるべく動かさずに焼いて裏表焼き目を付ける。火を止めてケチャップを入れ、再度火をつけて1分ほど中火にかける。

3. 小松菜と水150㎖を加えて煮立たせてアクをすくい、塩で味をととのえてジャーに移す。

POINT　肉の焦げ目が旨みに変わるので、しっかりめに焦がすとおいしく仕上がります。ケチャップを入れるときは、はねるので火を止めてから。

トマト味で青菜を食べる

もち麦と鶏ひき肉のリゾット

もち麦をアクセントにした、スープ多めのリゾット風。

材料（1人分／ジャー300㎖）

小松菜── 1/4束
鶏ひき肉── 30g
もち麦──大さじ2
ケチャップ──大さじ2
オリーブオイル──小さじ1

作り方

1. 小松菜は根を落とし、細かく切る。
2. 鍋にオリーブオイル、鶏ひき肉、ケチャップを入れ、混ぜながら中火で1分ほど加熱する。
3. 小松菜ともち麦、水200㎖を加えて煮立たせ、ジャーに移す。

小松菜と卵焼きのスープ

卵は溶かずに焼いてのせれば、存在感ある主役になります。

材料（1人分／ジャー300㎖）

小松菜——1/4束
卵——1個
片栗粉——小さじ1
塩——小さじ1/3
ごま油——小さじ2

作り方

1. 小松菜は根を落とし、2㎝幅に切る。卵は溶いて、塩ひとつまみ（分量外）と片栗粉を加え、よく混ぜる。
2. フライパンに小松菜と水大さじ2、塩を加えてふたをし、中火で蒸し煮する。2分たったら水150㎖を加えて煮立たせ、ジャーに移す（ふたをしておく）。
3. フライパンにごま油を熱し、溶き卵を流し入れ、箸で大きく混ぜ、たたんで卵焼きを作る。②にのせる。

ボリュームを出したいときはコレ!

まずはここから!

ブロッコリーと厚揚げのごまみそ汁

ゴロッとひと口大に切った、ブロッコリーとちぎった厚揚げ。
ごまをたっぷりかければ、いつものみそ汁がちょっぴり新鮮に。

材料(1人分/ジャー300㎖)

ブロッコリー —— 1/3株
厚揚げ —— 1/3枚
砂糖 —— 小さじ1/2
みそ —— 大さじ1
すりごま —— 大さじ1
サラダ油 —— 小さじ1

作り方

1. ブロッコリーは小房に分け、大きなものは半分に切る。茎も2〜3cmの長さにして1cm幅に切る。厚揚げは粗くちぎる。

2. 鍋にブロッコリー、厚揚げ、油、砂糖、水50㎖を入れ、ふたをして中火で3分加熱する。

3. 水150㎖を足して煮立たせ、みそを溶き入れてジャーに移す。すりごまをふる。

POINT すりごまは常備しておくと、スープやみそ汁、そのほか何にでもふりかけて使える万能食材。自分ですれば、香りもいっそう引き立ちます。

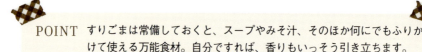

隠し味の砂糖とごまがよく合います

ブロッコリーとトマトの酸辣湯《サンラータン》

酸味と辛味がクセになる、中華の人気スープを再現。
トマトの酸味をお酢代わりに使うのがポイントです。

材料（1人分／ジャー300㎖）

ブロッコリー —— 3房
厚揚げ —— 1/3枚
プチトマト —— 3個
干ししいたけ —— 小1個
砂糖 —— 小さじ1/2
塩 —— 小さじ1/3
ごま油 —— 小さじ1
ラー油 —— 少々

作り方

1. 厚揚げは2〜3㎝の角切りにする。プチトマト、ブロッコリーは半分に切る。干ししいたけは乾燥したまま軸を取り、手でひと口大に割る。
2. 鍋にラー油以外の材料と水200㎖を入れてふたをし、中火で3〜4分煮る。
3. ジャーに移し、ラー油を加える。

POINT　酸っぱいのが好きな方は、さらに酢を少量加えてください。ラー油の代わりに、こしょうをたっぷりふるのもおいしいです。

ブロッコリーとえびの カレースープ

カレー風味の、ちょっとエスニック風のスープ。
厚揚げで旨みをさらにサポートします。

材料（1人分／ジャー300㎖）

ブロッコリー —— 3房
厚揚げ —— 40g
むきえび（冷凍） —— 50g
サラダ油 —— 小さじ1
カレー粉 —— 小さじ1
塩 —— 小さじ1/3

作り方

1. ブロッコリーは半分に切る。厚揚げは1㎝の薄切りにする。えびは解凍する。
2. 鍋にカレー粉と塩以外の材料と水150㎖を入れ、ふたをして中火で3分加熱する。
3. 水50㎖を足して煮立たせ、カレー粉と塩を加えてジャーに移す。

POINT 冷凍のむきえびはシーフードミックスでも。霜がついているようなときは、水でさっと洗い流すと臭いが取れます。

長ねぎ

加熱で甘みと旨みが倍増！

まずはここから！

長ねぎと鶏皮の塩スープ

薄く切った長ねぎを炒め、旨みと甘みを引き出します。
しょうがを入れて、鶏皮の臭み消しに。

材料（1人分／ジャー300㎖）

長ねぎ（白い部分）—— 2/3本
鶏皮 —— 1枚分
しょうが —— 1かけ
塩 —— 小さじ1/3
こしょう —— 少々

作り方

1. ねぎは斜め薄切りに、しょうがはせん切りにする。鶏皮は細切りにする。

2. 鍋にねぎを広げて入れ、水大さじ1を加えてふたをして中火で2分蒸し煮する。ふたをあけて水分を飛ばす。

3. 水250㎖と鶏皮、しょうがを加えて4〜5分煮たら、塩を加えてジャーに移す。こしょうをふる。

POINT 鶏皮はもも肉やむね肉についているものをはがして使います。包丁よりキッチンばさみが切りやすい！

ねぎの甘みを鶏の脂が引き立てる

長ねぎと豚のキムチスープ

ごはんにぴったり合う、旨辛いチゲ風スープです。
キムチの複雑な旨み&辛味が、おいしさの決め手になります。

材料（1人分／ジャー300mℓ）

長ねぎ（白い部分）── 2/3本
豚こま切れ肉── 50g
しょうが── 1かけ
キムチ── 30g
塩──ひとつまみ

作り方

1. ねぎは斜め薄切り、しょうがはせん切りにする。肉は食べやすく切る。
2. 鍋にねぎとしょうが、水大さじ1を入れ、ふたをして中火で2分煮る。ふたをあけて水分を飛ばす。
3. 水150mℓと豚肉を加えて4〜5分煮たら、キムチを加える。塩で味をととのえてジャーに移す。

POINT　キムチは少し酸っぱくなりかけたものでもOK。漬け汁や白菜以外の野菜が残っていたら、一緒に加えましょう。

焦がしねぎと鶏肉のスープ

長ねぎを少し焦がすことで、旨みが増し増しに！
きのこを入れるのもおすすめです。

材料（1人分／ジャー300mℓ）

長ねぎ（白い部分）―― 2/3本
鶏肉―― 50g
しょうが―― 1かけ
しょうゆ――小さじ2
ごま油――小さじ2

作り方

1. ねぎは斜め切り、しょうがは薄切りにする。鶏肉は小さく切る。
2. 鍋にごま油を熱し、ねぎとしょうがを入れる。最初はあまり動かさないようにし、ねぎにかるく焦げ目を付ける。
3. 水200mℓと鶏肉を加えて3〜4分煮て、しょうゆで味をととのえてジャーに移す。

POINT　ねぎに付ける焦げ目が旨みの素になります。焼きすぎたかな？ と思うくらいしっかり焼いて。

きのこ

煮るだけで
だしは不要！
風味も抜群

まずはここから！

きのこと牛肉のスープ

エリンギは輪切りにすると、食感が変わって味も違って感じられます。
味つけはめんつゆを使って簡単に。ごはんに合うスープです。

材料（1人分／ジャー300㎖）

まいたけ、エリンギ――合わせて100g
牛薄切り肉 ―― 60g
めんつゆ――大さじ1
サラダ油――小さじ2

作り方

1 まいたけは食べやすく手で割く。エリンギは薄い輪切りにする（大きすぎるものは縦半割りにしてから）。

2 鍋に油を熱し、①のきのこを炒め、水200㎖とめんつゆを加えて煮立てる。

3 牛肉を広げて②の鍋に加え、さっと煮てジャーに移す。

POINT きのこを炒めるとき、最初のうちはあまり動かさず、焼き付けるようにすると旨みが逃げません。

きのこを合わせてダブルのおいしさ

きのこと豆腐の担々スープ

きのこをたっぷり刻んで、ひき肉のように使います。
すりごまや豆乳でまろやかなコクを出すのがポイント。

材料（1人分／ジャー300mℓ）

まいたけ、エリンギ── 合わせて100g
木綿豆腐── 30g
豆乳── 50mℓ
めんつゆ── 大さじ1
すりごま──小さじ1
ごま油──小さじ2
ラー油──少々

作り方

1. きのこは細かく刻む。豆腐は1cm幅に切る。
2. 鍋にごま油を熱し、①のきのこを炒め、水150mℓとめんつゆを加えて煮立てる。
3. 豆腐と豆乳を加えてあたためる。すりごまとラー油を加えてジャーに移す。

POINT　豆乳を加えたら、あまり沸騰させすぎないように！　ふつふつと沸き始めたら火を止めます。

きのことトマトの玄米リゾット

玄米を生のまま入れるだけの簡単ヘルシーリゾット。
トマトペーストは、少量でも濃いトマト味になります。

材料（1人分／ジャー300㎖）

しめじ、エリンギ── 合わせて100ｇ
トマトペースト── 大さじ1
発芽玄米── 大さじ2
塩── 小さじ1/3
オリーブオイル── 小さじ2

作り方

1. しめじは石突きを取って半分に切り、ほぐす。エリンギは細かく切る。
2. 鍋にオリーブオイルを熱し、①を中火で炒め、しんなりしてかさが減ったらトマトペーストを加えて混ぜる。
3. 水200㎖と玄米、塩を加えて煮立たせてジャーに移す。

POINT　トマト加工品はさまざま。水煮缶でおなじみのホールトマト＆カットトマト。裏ごしして煮詰めたトマトピューレ。さらに煮詰めて濃くしたトマトペーストなどがあります。本書では、深いコクが出せるトマトペーストを使っています。

かぼちゃ

甘くて
ほっくり
満足度◎

まずはここから！

かぼちゃと鶏肉の豆乳シチュー

やさしい口当たりのほっこりシチューです。
煮ている間にかぼちゃがとろけて、きれいな黄色になります。

材料（1人分／ジャー300㎖）

かぼちゃ（種とわたを取る）──100g
鶏むね肉──60g
豆乳──150㎖
サラダ油──小さじ2
塩──小さじ1/3

作り方

1. かぼちゃは2㎝角に切る。鶏肉も同じ大きさくらいに切る。

2. 鍋にかぼちゃ、鶏肉、油、水100㎖を入れて中火にかけ、ふたをして3〜4分蒸し煮する。

3. ふたをあけ、豆乳と塩を加えてあたため、沸騰する直前に火を止めてジャーに移す。

POINT　かぼちゃはあまり小さく切ると、溶けてしまうので注意。レンジに1分ほどかけると切りやすくなります。

クリーミーでまったりと癒やされる

かぼちゃのピリ辛野菜カレー

とりどりの野菜の甘みがおいしい、エスニック風な味わい。

材料（1人分／ジャー300mℓ）

かぼちゃ（種とわたを取る）―― 80g
鶏むね肉 ―― 60g
ピーマン ―― 1/2個
すりおろしにんにく ―― 少々
豆乳 ―― 50mℓ
赤唐辛子（種を除く）―― 1/2本
サラダ油 ―― 小さじ2
カレールウ（フレーク状のものが便利）
―― 大さじ1と1/2

作り方

1. かぼちゃは2cm幅に切る。ピーマンは種を取って乱切りにする。鶏肉はひと口大に切る。
2. 鍋にかぼちゃ、油、水100mℓを入れて中火にかけ、ふたをして2分蒸し煮する。ふたをあけ、鶏肉を加えさらに3分加熱する。
3. ピーマン、にんにく、カレールウ、赤唐辛子、豆乳を加え、カレールウが溶けたらジャーに移す。

かぼちゃと鶏肉の押し麦リゾット

プチプチした麦でボリューム満点！ サラッとした仕上がり。

材料（1人分／ジャー300㎖）

かぼちゃ（種とわたを取る）――70g
鶏むね肉――70g
押し麦（乾燥）――大さじ2
オリーブオイル――小さじ1
塩――小さじ1/3

作り方

1. かぼちゃは2㎝幅に切る。
2. 鍋にオリーブオイル、かぼちゃ、水200㎖を入れ、鶏肉を上にのせて中火にかけ、ふたをして5分蒸し煮する。
3. 押し麦と塩を加えて煮立たせ、ジャーに移す。

鍋の残りもスープジャーで解決！

まずはここから！

白菜と鶏小判の塩スープ

鶏団子をぺたんとつぶした「鶏小判」。火の通りが早く、時短調理におすすめ。
箸でもスープジャーから取り出しやすいです。

材料（1人分／ジャー300mℓ）

白菜――大1枚（100g）
鶏ひき肉――60g
片栗粉――小さじ1/2
すりおろししょうが――1かけ分
塩――小さじ1/3
ゆずの皮――少々

作り方

1. 白菜は1cm幅に切る。ボウルにひき肉と塩ひとつまみ（分量外）、片栗粉、しょうがを入れて練る。

2. 鍋に水250mℓを煮立て、①の肉だねを4〜5個に分けて丸め、平たくつぶして加える。2分ほど煮る。

3. ①の白菜と塩を加えてさらに2分煮て、ジャーに移す。ゆずの皮はラップに包み、食べるときにのせる。

POINT　ひき肉は粘りが出るまでしっかり練ると、お湯に入れたときに割れにくくなります。

郵便はがき

料金受取人払郵便

銀座局
承認

9422

差出有効期間
2021年1月3日
まで

※切手を貼らずに
お出しください

104-8790

627

東京都中央区銀座3-13-10

マガジンハウス
書籍編集部
愛読者係 行

ご住所	〒		
フリガナ		性別	男・女
お名前		年齢	歳
ご職業	1. 会社員(職種　　) 2. 自営業(職種　　) 3. 公務員(職種　　) 4. 学生(中　高　高専　大学　専門) 5. 主婦 6. その他(　　)		
電話		Eメールアドレス	

この度はご購読ありがとうございます。今後の出版物の参考とさせていただきますので、裏面のアンケートにお答えください。**抽選で毎月10名様に図書カード(1000円分)をお送りします。**当選の発表は発送をもって代えさせていただきます。

ご記入いただいたご住所、お名前、Eメールアドレスなどは書籍企画の参考、企画用アンケートの依頼、および商品情報の案内の目的にのみ使用するものとします。また、本書へのご感想に関しては、広告などに文面を掲載させていただく場合がございます。

❶お買い求めいただいた本のタイトル。

❷本書をお読みになった感想、よかったところを教えてください。

❸本書をお買い求めいただいた理由は何ですか?

●書店で見つけて　●知り合いから聞いて　●インターネットで見て

●新聞、雑誌広告を見て(新聞、雑誌名＝　)

●その他(　)

❹こんな本があったら絶対買うという本はどんなものでしょう?

❺最近読んでよかった本のタイトルを教えてください。

ご協力ありがとうございました。

さっぱり小鍋風スープをお弁当で！

鶏小判の春雨スープ

春雨を入れてボリュームアップ＆ヘルシーなレシピ。

材料（1人分／ジャー300mℓ）

白菜 —— 中1枚（60g）
鶏ひき肉 —— 60g
片栗粉 —— 小さじ1/2
すりおろししょうが —— 1かけ分
干ししいたけ —— 小1個
（100mℓの水で戻しておく）
春雨（乾燥）—— 20g
しょうゆ —— 小さじ1
塩 —— ひとつまみ

作り方

1. 白菜は1cm幅に切る。戻した干ししいたけは細切りにする。ボウルにひき肉と塩ひとつまみ（分量外）、片栗粉、しょうがを加えて練る。
2. 鍋に水としいたけの戻し汁合わせて250mℓを煮立て、①の肉だねを4〜5個に分けて丸め、つぶして加える。2分ほど煮て、しょうゆと塩を加える。
3. ①の白菜、干ししいたけを加えてさらに2分煮て、春雨を入れたジャーに移す。

白菜と鶏小判のトマトスープ

トマトペーストとにんにくを入れて、たちまち洋風に。

材料（1人分／ジャー300mℓ）

白菜――中1枚（60g）
しめじ――30g
鶏ひき肉――60g
片栗粉――小さじ1/2
トマトペースト――大さじ1/2
すりおろしにんにく――少々
塩――小さじ1/3

作り方

1. 白菜は横1cm幅に切る。しめじは石突きを取って手で割く。ボウルにひき肉と塩ひとつまみ（分量外）、にんにく、片栗粉を加えて練る。
2. 鍋に水250mℓを煮立て、①の肉だねを4～5個に分けて丸め、つぶして加える。2分ほど煮て、塩を加える。
3. ①の白菜としめじ、トマトペーストを加えてひと煮立ちさせ、ジャーに移す。

やわらかさと
みずみずしい
甘みが魅力

まずはここから！

かぶとツナの和風スープ

かぶが１個分入る野菜たっぷりスープ。
お昼までにじわじわ味がしみ込んで、やわらかくなります。

材料（１人分／ジャー300mℓ）

かぶ――中1個（100g）
かぶの葉――少々
ツナ――1/2缶（40g）
昆布――3cm角
塩――小さじ1/3
※ツナがオイル缶でない場合は、サラダ油小さじ１を足す

作り方

1. かぶは皮をむかずに6つ割りにする。かぶの葉は2cm長さに、昆布はハサミで細く切る。
2. 鍋にかぶと昆布、塩、水200mℓを入れ、ふたをして中火で2分加熱する。

3. ツナとかぶの葉を加えて再度あたためる。煮立たせたらジャーに移す。

POINT　かぶは大きさに差のある野菜。6つ割りにしましたが、大きいものは8つ割り、小さいときは4つ割りに調整してください。

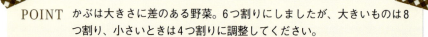

あっさり塩味でじんわりおいしい

かぶとえびのとろみスープ

やわらかいかぶがえびの旨みをたっぷり吸った、食べるスープ。
とろみがあるので、体の芯まで温まります。

材料(1人分/ジャー300㎖)

かぶ――中1個(100g)
かぶの葉――少々
むきえび――40g
すりおろししょうが――少々
片栗粉――小さじ2
塩――ひとつまみ
しょうゆ(できれば薄口)――小さじ1

作り方

1. かぶは6つ割りにする。かぶの葉はみじん切りにする。片栗粉は同量の水で溶く。
2. 鍋にかぶと塩、水150㎖を入れ、中火にかけ、ふたをして3分煮る。えびとしょうがを加えてさらに2分煮る。
3. かぶの葉としょうゆを加えて煮立たせ、水溶き片栗粉を加えてとろみがついたらジャーに移す。

POINT 野菜から出る水分でとろみは薄くなるため、少しぽってりした感じに仕上げておきます。

かぶと切り干し大根のスープ

切り干し大根は戻さずジャーに入れておき、熱々スープを注ぎます。
シャキシャキとした歯ごたえがおいしい、スープにおすすめの具材です。

材料（1人分／ジャー300mℓ）

かぶ――中1個（100g）
ツナ――1/2缶
切り干し大根――10g
塩――ひとつまみ
しょうゆ――小さじ1/2
黒ごま――少々
※ツナがオイル缶でない場合は、サラダ油小さじ1を足す

作り方

1. かぶは皮をむいて6つ割りにする。切り干し大根はさっと洗って、あたためたジャーに入れてふたをしておく。
2. 鍋にかぶと塩、しょうゆ、水200mℓを入れ、ふたをして中火で2分加熱する。
3. ツナを加えて煮立たせたら、切り干し大根の上からジャーに注ぎ、ごまをふる。

POINT　切り干し大根は具材として食べごたえがあるだけでなく、だしもたっぷり出ます。スープのほか、みそ汁にもおすすめ！

鮭

塩をしていないものを選ぶのがコツ

まずはここから！

鮭とじゃがいものバターみそ汁

鮭とじゃがいもは、相性抜群の組み合わせ。
バターとしょうがを入れた風味豊かなスープ。

材料（1人分／ジャー300㎖）

生鮭 ——小1切れ（皮なし・80g）
じゃがいも——1個
みそ ——小さじ2
すりおろししょうが——少々
バター——小さじ1

作り方

1. じゃがいもは皮をむき、6つに切る。鮭は4等分に切る。

2. 鍋にじゃがいもと水200㎖を入れてふたをし、中火で蒸し煮する。3分たったら鮭を加えてさらに2分蒸し煮する。

3. みそを加えて溶いてあたため、しょうがを加えてジャーに移し、バターを落とす。

POINT　鮭は生鮭を使います。刺身用のトラウトサーモンは骨もなく、扱いやすく便利です。

鮭とバターの香りがたまらない

鮭と野菜のミルクスープ

粉を使わず牛乳だけでさらりと仕上げたスープ。マヨネーズを隠し味に。

材料（1人分／ジャー300㎖）

生鮭 ――小1切れ（皮なし・60g）
じゃがいも――中1/2個
キャベツ――20ｇ
にんじん――20g
塩――小さじ1/4
牛乳――50㎖
マヨネーズ――小さじ1

作り方

1. じゃがいもは皮をむき、半分に切ってから3〜4等分に切る。鮭は4等分に切る。にんじんは半月切り、キャベツはざく切りにするか手でちぎる。
2. 鍋に①と水150㎖を入れて中火で3分煮る。
3. 塩と牛乳、マヨネーズを加えて再度あたためてジャーに移す。

POINT　マヨネーズは少量の牛乳で溶いておくと、分離しにくくなります。

鮭と豆苗、まいたけのみそ汁

鮭、豆苗、まいたけの旨み食材でだしいらず。

材料（1人分／ジャー300mℓ）

生鮭 ── 小1切れ（皮なし・70g）
豆苗 ── 1/3束
まいたけ ── 40g
みそ ── 小さじ2

作り方

1. 豆苗は3cmのざく切り、まいたけは石突きを取ってほぐす。鮭は2cm角に切る。
2. 鍋に鮭とまいたけを入れ、水200mℓを加え、ふたをして3～4分蒸し煮する。
3. 豆苗とみそを加えて溶かし、ジャーに移す。

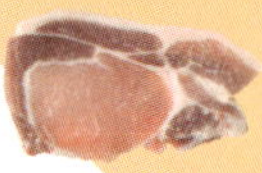

お肉がメインの満足感あるスープに！

まずはここから！

くるくる豚汁

薄切りの豚肉は巻くことで、かたまり肉のような食べごたえがあります。
シンプルな豚汁なので、好みで具材を増やしてどうぞ。

材料（1人分／ジャー300mℓ）

大根──3cm（100g）
豚バラ薄切り肉──3〜4枚（60〜70g）
結びしらたき──小2個
※普通のしらたきでもOK
みそ──大さじ1
ごま油──小さじ1
青ねぎ──少々

作り方

1. 大根は皮をむき、食べやすい大きさに切る。豚肉は1枚ずつ何もつけずにきつめに巻く。

2. 鍋に大根と結びしらたきを入れ、豚肉の巻き終わりを下にしてのせる。水100mℓとごま油を入れ、ふたをして中火で3分蒸し煮する。

3. さらに水100mℓを加えて煮立たせ、みそを溶き入れてジャーに移す。みじん切りにした青ねぎはラップに包み、食べるときにかける。

POINT　豚肉はさっぱりしたもも肉、脂のほどよい肩ロースなど、どの部位でもおいしく作れます。

お肉たっぷり！ ごはんが欲しくなる

カレーくるくる豚汁

豚汁をカレー風味に仕上げるだけで、新鮮な味わいに。
にんじんやじゃがいもなど、カレーとなじみのよい具を入れます。

材料（1人分／ジャー300mℓ）

豚バラ薄切り肉——3〜4枚（60〜70g）
じゃがいも——1/2個
にんじん——3cm
みそ——大さじ1
カレー粉——小さじ1/2
サラダ油——小さじ1

作り方

1. じゃがいもは4等分に切る。にんじんは1cm厚さの半月切りにする。豚肉は1枚ずつ何もつけずにきつめに巻く。

2. 鍋にじゃがいもとにんじんを入れ、豚肉の巻き終わりを下にしてのせる。水100mℓとサラダ油を入れ、ふたをして中火で3分蒸し煮する。

3. 水100mℓを加えて煮立たせ、みそを溶き入れてカレー粉を加えてジャーに移す。

POINT　みそやカレー粉は風味を大事にしたいので、加えてからはあまり煮立たせないように！

豚とごぼうのみそうどん

豚汁にうどんを入れて、スープジャーひとつで満足ランチ。
歯触りのあるごぼうで、食感に変化をつけて食べごたえもアップです。

材料（1人分／ジャー300㎖）

豚こま切れ肉 —— 2〜3枚（60g）
ごぼう —— 5㎝
ゆでうどん —— 1/3玉
みそ —— 大さじ1
ごま油 —— 小さじ1
七味唐辛子 —— 少々

作り方

1. ごぼうは斜め薄切りにする。豚肉は食べやすい大きさに切る。
2. 鍋にごぼうと豚肉、水200㎖を入れ、煮立てる。
3. みそを溶き入れ、ごま油とうどんを入れて再度煮立ててジャーに移す。七味唐辛子はラップに包み、食べるときにかける。

POINT　ゆでうどんは太めのものを選びましょう。細麺だとちぎれやすくなってしまいます。

あると便利！優秀食材

野菜やきのこ、魚など、旬の食材を使うことで、旨みがそのままスープになります。できる限り余分なものを入れない最小限レシピだけど、味わいの変化をつけたり、メイン食材のおいしさを底上げする優秀食材があります。以下に紹介するものは、どれも日持ちがしてストックできるもの。いつもの定番に組み合わせるだけでスープに少し新しさが加わります。短時間の調理とは思えない仕上がりになるので、ぜひ活用してみてください。

ザーサイ

少量入れるだけでたちまち中華風スープに。塩味があるので味つけはひかえめに。

トマトペースト

濃く煮詰めているので、少量で深いコクを与える。使いきりの小包装はスープ弁当に最適！

ミックスビーンズ

分量がちょうどよく使いやすい。ほくっとした食感がアクセントに。ストックすれば便利。

干ししいたけ

乾燥したまま軸を取って、砕いて入れます。スライスされているタイプも便利。

押し麦

プチプチとしたかみごたえがあり、お米とはひと味違った満腹感が出ます。もち麦なども。

切り干し大根

やさしい旨みとシャキシャキとした食感が魅力。戻さずに入れて、スープを注ぐだけ。

PART 2

春夏のスープ弁当

新生活でバタバタとあわただしい春、
そして、暑さや湿気に悩まされる夏の季節。
そんな時でも朝からさっと作れて、ひと口食べれば、
午後からもがんばれそうと思えるスープ弁当。
さっぱりと体をいたわる、春夏食材の24品を紹介します。

まずはここから！

キャベツとハムのサワースープ

ありふれた組み合わせですが、少しの酢でぐっとおしゃれな味に。
ハムとキャベツは小さく刻んで、一緒に口に入るように。

材料（1人分／ジャー300㎖）

キャベツ —— 1/8玉（100g）
ハム —— 1〜2枚（25g）
オリーブオイル —— 小さじ2
塩 —— 小さじ1/3
酢 —— 小さじ1/4
こしょう —— 少々

作り方

1. キャベツとハムは1㎝の角切りにする。

2. 深めのフライパンにキャベツとオリーブオイル、塩を入れて中火で2分炒める。

3. ハムと水150㎖を加えて煮立て、酢とこしょうを加えてジャーに移す。

POINT　酢は最後に加えます。入れすぎないように注意して。

もりもりとキャベツが食べられます！

キャベツとさんま缶の中華スープ

缶詰だから、味付けのベースが簡単に決まって失敗なし。
忙しい朝でもさっと作れるクイックスープです。

材料（1人分／ジャー300㎖）

キャベツ――大1枚（60g）
さんまかば焼き缶――1/2缶
ごま油――小さじ2
塩――ひとつまみ
酢――小さじ1/4

作り方

1. キャベツは手でちぎる。
2. 鍋にキャベツとごま油、塩、水大さじ1を入れ、ふたをして中火で2分加熱する。
3. 水200㎖とさんまのかば焼き缶を粗くほぐして煮汁ごと入れて、煮立ったら酢を加えてジャーに移す。

POINT　味のしっかりついた魚の缶詰なら、何でもいけます。意外なところでは焼き鳥缶でも！

キャベツとソーセージのポトフ

洋風スープの定番ですが、じつは昆布が隠し味。
まろやかな旨みがあって、ほっとするスープです。作るのも簡単。

材料（1人分／ジャー300mℓ）

キャベツ——大1枚（60g）
じゃがいも——中1/2個
ソーセージ——1本
オリーブオイル——小さじ2
塩——小さじ1/3
昆布——3cm角
こしょう——少々

作り方

1. キャベツは3〜4cmのざく切り、じゃがいもは3等分に切る。昆布ははさみで細かく切る。

2. 鍋にこしょう以外のすべての材料と水200mℓを入れ、中火で5分加熱する。ジャーに移し、こしょうをふる。

POINT　昆布はだしをとろうと入れすぎると、昆布くさくなります。3cm角くらいで十分だしが出ますよ。

プチトマト

大きいものより
さっと使えて
ジャー向き！

まずはここから！

プチトマトとサバ缶のみそスープ

人気のサバ缶。水煮缶ではなくみそ煮を使うのがコツ。
トマトの酸味でさっぱりと食べられます。

材料（1人分／ジャー300㎖）

プチトマト —— 10個
サバみそ煮缶 —— 1/3缶（60g）
めんつゆ —— 小さじ1
こしょう —— 少々

作り方

1. プチトマトはヘタを取って半分に切る。

2. 鍋にプチトマトの切り口を下にして入れ、1分ほど中火にかける。サバ缶と水200㎖、めんつゆを加えて、煮立たせる。

3. めんつゆで味をととのえ、こしょうをふってジャーに移す。

POINT　サバ缶は食べやすくほぐしてもいいですし、ごろっと形のままでも迫力です。

サバとトマトをパンチのあるみそ味で

プチトマトとツナのクリームスープ

プチトマト＋あっさりしたツナ缶詰という組み合わせに、
牛乳を少し加えてコクとまろやかさを加えます。

材料（1人分／ジャー300mℓ）

プチトマト── 8個
ツナ缶── 1/2缶（40g）
じゃがいも── 1/2個
牛乳──大さじ2
塩──ひとつまみ
オリーブオイル──小さじ2
こしょう──少々
パセリ──少々

作り方

1. プチトマトはヘタを取って半分に切る。じゃがいもは皮をむき、4等分に切る。

2. 鍋にプチトマトとオリーブオイル、塩を加え、水分が少なくなるまで3分ほど煮詰める。

3. ツナとじゃがいも、水150mℓ、牛乳を加えて温める。塩で味をととのえ、こしょうをふってジャーに移す。パセリをラップに包み、食べるときにかける。

POINT　ツナの塩気の分、味つけの塩を少しひかえます。最後に味見をして調節しましょう。

プチトマトとサバ缶のバジルスープ

サバ水煮缶を使って作る洋風のスープ。
香りの強いバジルを散らすことで、サバの臭みを消します。

材料（1人分／ジャー300㎖）

プチトマト―― 3個
なす―― 1個
サバ水煮缶―― 1/3缶（50g）
バジルの葉―― 3枚
塩――小さじ1/3
オリーブオイル――大さじ1

作り方

1. プチトマトはヘタを取って半分に切る。なすはピーラーで皮をしま模様にむき、2㎝幅に切る。
2. 鍋にプチトマトとなす、オリーブオイル、塩を加えて2〜3分炒める。サバ缶と水150㎖を加え、煮立ったらスープジャーに移す。
3. バジルの葉はラップに包み、食べるときにちぎって混ぜる。

POINT　バジルの葉はちぎった瞬間の香りがよいので、食べるときに入れるのがおすすめ。

まずはここから！

なすと豚ひき肉のしそスープ

なすを薄切りにすることでトロトロの食感になり、ひき肉もよく絡みます。
しそのさわやかな風味がぴったりです。

材料（1人分／ジャー300mℓ）

なす —— 2個
豚ひき肉 —— 50g
しそ —— 3〜4枚
塩 —— 小さじ1/3
オリーブオイル —— 大さじ1

作り方

1 なすの皮はむき、薄切りにする。しそは水に2〜3分浸け、水気をふいておく。

2 鍋にオリーブオイルを熱し、くたっとなるまでなすを炒める。

3 ひき肉としそ、塩、水200mℓを加えて、煮立たせたらジャーに移す。

POINT なすは最初に油で炒めておくことで、食感が変わります。

なすが口の中でとろける〜

麻婆なす風スープ

甘めに味をつけたところにピリッと唐辛子を効かせた、麻婆なす風のスープです。
なすはゴロゴロ大きめの乱切りにして、食べごたえを出しましょう。

材料（1人分／ジャー300mℓ）

なす —— 1個
豚ひき肉 —— 30g
砂糖 —— 小さじ1
しょうゆ —— 小さじ2
片栗粉 —— 小さじ2
ごま油 —— 大さじ1
ラー油 —— 少々
輪切り赤唐辛子 —— 少々

作り方

1. なすはヘタを取って乱切りにする。

2. 鍋にごま油を入れて中火にかけ、なすを加えてかるく炒める。その上にひき肉と砂糖、しょうゆ、水50mℓを加え、ひき肉をほぐしながら1分ほど加熱する。

3. さらに水100mℓを加えて煮立たせ、同量の水で溶いた片栗粉を加えてとろみをつける。ラー油と輪切り唐辛子も加えてジャーに移す。

POINT　ひき肉は多少かたまりになったほうが食べごたえがあります。ポロポロに仕上げたい人は、調味料とひき肉を混ぜてから鍋に加えます。

なすと豚肉のエスニック風スープ

定番の食材でも、調味料やハーブを変えるだけで新しい雰囲気に。
しょうがやパクチーの香りがスープの印象を大きく変えます。

材料（1人分／ジャー300mℓ）

なす―― 2個（130g）
豚肉―― 30g
しょうが――1かけ分
ナンプラー――小さじ1
サラダ油――大さじ1
パクチー――少々

作り方

1. なすはピーラーで皮をしま模様にむき、2cm幅に切る。豚肉は食べやすい大きさに切る。
2. 鍋に油を入れて中火にかけ、なすを加えて炒める。豚肉としょうが、水50mℓを加えてふたをして2分加熱する。
3. 水100mℓを加えてあたため、ナンプラーを加えてジャーに移す。パクチーをラップに包み、食べるときにのせる。

POINT　なすの皮はちょっと残しておくだけで、ぐっとなすらしい感じが出ます。

まずはここから！

オクラと卵のかきたま汁

ポットで簡単に準備できるかつおだしを使ったスープです。
だしの香りとふんわり卵が食欲を刺激します。

材料（1人分／ジャー300㎖）

オクラ――5本（50g）
卵――1個
かつお節――1パック（3〜4g・または顆粒だし小さじ1/2）
片栗粉――小さじ1/2
塩――小さじ1/3

作り方

1. オクラは1㎝幅に切る。卵は小鉢に溶き、片栗粉を加えてよく混ぜておく。

2. かつお節をポットに入れ、熱湯250㎖を加えて1分ほど待つ。かつお節が沈んだら鍋にこし入れ、塩を加える。

3. ②にオクラを加えて煮立て、溶いた卵を少しずつ加えて、ふんわりしたら火を止めてジャーに移す。

POINT　卵に片栗粉を少し混ぜて、ふわふわに仕上げましょう。

かつおだしの風味が広がる

オクラと長いものスープ

胃腸にやさしい組み合わせ。塩昆布を入れるだけで、旨みとしょうゆ味が一緒につきます。

材料（1人分／ジャー300㎖）

オクラ —— 5本
長いも —— 60g
塩昆布 —— 大さじ1
塩 —— 小さじ1/3

作り方

1. オクラは1cm幅に切る。長いもは皮をむき、半分に切ってから1cm幅に切る。
2. 鍋に水200㎖とオクラ、長いも、塩を入れて中火で煮立たせたら、塩昆布を加えてジャーに移す。

オクラと鶏肉の卵スープ

鶏肉を加えるから、だしは不要。ボリュームはあるけど癒やし系。

材料（1人分／ジャー300㎖）

オクラ── 5本
鶏もも肉── 40g
卵── 1個
片栗粉──小さじ1/3
塩──小さじ1/3

作り方

1. オクラは斜め半分に切る。鶏肉は小さく切る。卵は小鉢に溶き、片栗粉を加えてよく混ぜておく。
2. 鍋に水200㎖と鶏肉を加えて煮立て、塩を加える。
3. ②にオクラを加えて煮立て、溶いた卵を少しずつ加えて、ふんわりしたら火を止めてジャーに移す。

まずはここから！

ピーマンとベーコンのみそ汁

ピーマンとベーコンを、みそ汁で楽しみます。
ピーマンにかるく焦げ目をつけて香ばしさを出すとおいしい。

材料（1人分／ジャー300㎖）

ピーマン――2個
ベーコン――1〜2枚
みそ――大さじ1
サラダ油――小さじ1
こしょう――少々

作り方

1. ピーマンは半分に切って種を取り、2㎝幅に切る。ベーコンは3〜4㎝幅に切る。

2. 鍋に油を入れて中火で熱し、ピーマンを表裏1分ずつ焼く。ベーコンと水200㎖を足して煮立たせる。

3. みそを溶き入れ、ジャーに移してこしょうをふる。

POINT　ベーコンに塩気があるので、味をみながらみその量を調節しましょう。

洋風な組み合わせを、
みそがつないでくれる

ピーマンとじゃこの昆布スープ

ピーマンは種も食べられます。じゃこと昆布からしっかりだしも出て旨みたっぷり。

材料（1人分／ジャー300mℓ）

ピーマン――2個
ちりめんじゃこ――大さじ1（10g）
昆布――3㎝角
塩――ひとつまみ
しょうゆ――小さじ1
サラダ油――小さじ1

作り方

1. ピーマンは種つきのまま半割りにする。
2. フライパンに油を熱し、ピーマンを並べて中火で表2分、裏にして1分焼く。
3. 水200mℓと昆布、塩、しょうゆ、じゃこを加え、煮立たせたらジャーに移す。

ピーマンとザーサイのピリ辛スープ

ザーサイの旨みと塩気を生かしたスープ。カロリーも少なくヘルシーです。

材料（1人分／ジャー300㎖）

ピーマン―― 2個
ハム―― 1〜2枚
ザーサイ―― 10g
糸寒天―― 3g
ラー油――少々
塩――少々

作り方

1. 種を取ったピーマンとハムは太めのせん切りにする。ザーサイは食べやすく切る。
2. 鍋にピーマンとハム、ザーサイ、水200㎖を加えて中火で煮立てる。塩で味をととのえる。
3. 糸寒天をジャーに入れ、②を注ぐ。ラー油を加える。

POINT　かたまりのザーサイの場合は、薄切りにし、塩抜きしてから使います。

中華はもちろん
和風にも合う

まずはここから！

チンゲン菜とくずし豆腐の精進スープ

食べすぎが続いたときにおすすめの、あっさり塩味のいたわりごはん。

材料（1人分／ジャー300㎖）

チンゲン菜 —— 1/2株
木綿豆腐 —— 60g
しょうが —— 1かけ
塩 —— 小さじ1/3
ごま油 —— 小さじ1

作り方

1. チンゲン菜は縦1/4にしてから、横3等分に切る。しょうがはせん切りにする。豆腐は手でくずして耐熱容器に入れ、レンジ（600W）に1分かけて水をきる。

2. 鍋にすべての材料と水200㎖を入れ、中火で3〜4分煮る。煮立ったらジャーに移す。

POINT　チンゲン菜は長さがまちまちなので、3等分にこだわらずスープジャーに入りやすいサイズに切ります。

ごま油としょうががふわりと香る

チンゲン菜と豆腐のあっさり梅スープ

梅干しが効いた、ノンオイルの滋味深いレシピ。

材料（1人分／ジャー300mℓ）

チンゲン菜── 1/2株
木綿豆腐── 70g
梅干し── 1個
昆布── 3cm角
塩── 少々

作り方

1. チンゲン菜は縦半分にしてから、横半分に切る。豆腐は1.5cm角に切って、レンジ（600W）に1分かけて水をきる。
2. 鍋にすべての材料と塩、水200mℓを入れて煮立たせる。塩で味をととのえてジャーに移す。

POINT 梅干しから少しずつ塩分が出ます。塩味は薄めに。

チンゲン菜と鶏肉の中華スープ

風味豊かな中華スープに、コリコリのきくらげの食感が楽しい。

材料（1人分／ジャー300㎖）

チンゲン菜 —— 1株
鶏もも肉 —— 50g
きくらげ —— 3枚（ぬるま湯で戻す）
塩 —— ひとつまみ
ごま油 —— 小さじ1
しょうゆ —— 小さじ1/2
片栗粉 —— 小さじ2

作り方

1. チンゲン菜は3㎝幅に切る。鶏肉はひと口大に切る。
2. 鍋にきくらげ、チンゲン菜、鶏肉を入れ、塩とごま油、水50㎖を加え、ふたをして中火で3分、蒸し煮する。
3. 水200㎖を加えて煮立たせる。しょうゆで味をととのえ、水大さじ1で溶いた片栗粉でとろみをつけてジャーに移す。

POINT　急ぐときは、きくらげを水に入れてレンジで戻します。

手軽な
なめこやえのきは
旨みも抜群

まずはここから！

なめコーンスープ

なめことコーンで、なめコーン。見た目も味もかわいいスープです。
ほうじ茶を使うことで、なめこや缶詰の気になるにおいが取れます。

材料（1人分／ジャー300mℓ）

なめこ —— 50g
コーン缶 —— 1缶（120g）
塩 —— ひとつまみ
しょうゆ —— 小さじ1/2
ほうじ茶（ペットボトルで可）—— 200mℓ

作り方

1. 鍋になめことコーン（水気がある場合はざるに上げて水気をきる）、塩を入れ、ほうじ茶を加えて中火にかける。

2. 煮立ったら弱火にして3分煮る。しょうゆで味をととのえてジャーに移す。

POINT ほうじ茶はペットボトルが便利。ほうじ茶の代わりにティーバッグの麦茶でもOKです。

スプーンですくうのが楽しくなる！

えのきとコーンのかきたまスープ

えのきから意外なほどの旨みが出るのです。
卵でふんわりとじることで、ボリュームと一体感を出します。

材料（1人分／ジャー300mℓ）

えのき――40g
コーン缶――40g
卵――1個
塩――小さじ1/3
片栗粉――小さじ1
ごま油――小さじ1

作り方

1. えのきは2cm幅に切る。卵は小鉢に溶き、片栗粉を加えてよく混ぜておく。
2. 鍋にコーンとえのき、水200mℓ、塩を加えて中火で煮立てる。
3. 卵を少しずつ流し入れる。火を止め、ごま油を加えてジャーに移す。

POINT　卵に片栗粉を混ぜておくことで、ふんわりした仕上がりになります。ダマのないようよく混ぜましょう。

なめこと鶏ひき肉の
ほうじ茶リゾット

プルプルのなめこと、もちもちの押し麦で歯ざわりが楽しい。
食欲があまりないときでも食べやすいスープリゾットです。

材料（1人分／ジャー300㎖）

なめこ —— 50g
鶏ひき肉 —— 30g
押し麦（乾燥）—— 大さじ2
塩 —— 小さじ1/3
しょうゆ —— 少々
ほうじ茶 —— （ペットボトルで可）200㎖
青ねぎ（みじん切り）—— 少々

作り方

1. 鍋になめことひき肉、塩を入れ、ほうじ茶を加えて中火にかける。
2. 沸騰したら弱火にして3分煮る。押し麦を加える。
3. しょうゆを加えて味をととのえ、ジャーに移す。青ねぎはラップに包み、食べるときにかける。

POINT ほうじ茶を麦茶に替えてもおいしいですよ。

買い置きすれば
いつでもスープ！

まずはここから！

豆とミートソース缶のクイックスープ

缶詰ふたつを組み合わせた、手間なしレシピ。
豆で腹持ちもよく、ランチにぴったりのスープです。

材料（1人分／ジャー300㎖）

豆ミックス缶── 1/2缶（50g）
ミートソース缶── 1/2缶（150g）
牛乳──大さじ2
こしょう──少々

作り方

1. 鍋に豆ミックス缶とミートソース、水100㎖を入れ、中火で煮る。

2. 煮立ったら牛乳を加え、こしょうをふったらすぐ火を止めてジャーに移す。

POINT　牛乳をちょっと加えると、缶詰くささやできあいの感じがぐっと薄れます。牛乳を加えてからは、あまり煮立たせないようにしましょう。

お豆がたっぷり!

豆入りミネストローネ

豆と野菜がぎっしり詰まった、ヘルシーでボリューミーなスープ。

材料（1人分／ジャー300㎖）

豆ミックス缶──1/2缶（50g）
ミートソース缶──1/2缶（150g）
キャベツ──50g
にんじん──30g
牛乳──大さじ2
こしょう──少々
粉チーズ──小さじ1

作り方

1. キャベツは手でちぎる。にんじんは8㎜の輪切りにする。
2. 鍋に①と水大さじ2（分量外）を入れて中火にかける。ふたをし、2分蒸し煮する。
3. 豆ミックス缶とミートソース、水100㎖を加えて3分煮る。牛乳を加えてあたため、こしょうをふってジャーに移す。粉チーズをふる。

POINT　野菜はかるく煮ることで、かさが減ってたっぷり食べられます。

ミートソース缶のトマトペンネ

鍋に材料を入れて煮立てるだけ。超簡単スープパスタです。
やわらかいペンネにソースがからんでおいしい。

材料（1人分／ジャー300㎖）

ミートソース缶── 1/2缶（150g）
ショートパスタ（乾燥）── 30g
ソーセージ── 1本
塩── 少々

作り方

1. ソーセージはひと口大に切る。
2. 鍋にすべての材料と水100㎖を入れ、中火で煮立たせてジャーに移す。

POINT　ペンネ以外のショートパスタでもOKです。保温でやわらかくなるので、なるべく厚みのある、早ゆでタイプでないものを選んでください。

食材別インデックス

好きな食材や、冷蔵庫に余っているものでレシピを選ぶときにお使いください。

【白菜】
白菜と鶏小判の塩スープ……58
鶏小判の春雨スープ……60
白菜と鶏小判のトマトスープ……61

【小松菜】
小松菜と豚肉のケチャップスープ……32
もち麦と鶏ひき肉のリゾット……34
小松菜と卵焼きのスープ……35

【チンゲン菜】
チンゲン菜とくずし豆腐の精進スープ……106
チンゲン菜と豆腐のあっさり梅スープ……108
チンゲン菜と鶏肉の中華スープ……109

【たまねぎ】
シンプルオニオンスープ……16
パン入りのオニオンスープ……18
たまねぎたっぷりビーフシチュー……20
たまねぎと牛ひき肉の塩スープ……22
たまねぎトマトカレー……24
肉じゃがスープ……25

【にんじん】
たまねぎたっぷりビーフシチュー……20
にんじんとサラダチキンのスープ……26
にんじんとパセリのカレースープ……28
にんじんと油揚げの和風スープ……30
鮭と野菜のミルクスープ……70
カレーくるくる豚汁……74
豆入りミネストローネ……118

【じゃがいも】
肉じゃがスープ……25
鮭とじゃがいものバターみそ汁……68
鮭と野菜のミルクスープ……70
カレーくるくる豚汁……74
キャベツとソーセージのポトフ……84
プチトマトとツナのクリームスープ……88

野菜・きのこ

【プチトマト】
たまねぎトマトカレー……24
ブロッコリーとトマトの酸辣湯……38
プチトマトとサバ缶のみそスープ……86
プチトマトとツナのクリームスープ……88
プチトマトとサバ缶のバジルスープ……90

【なす】
トマトとサバ缶のバジルスープ……90
なすと豚ひき肉のしそスープ……92
麻婆なす風スープ……94
なすと豚肉のエスニック風スープ……96

【ピーマン】
かぼちゃのピリ辛野菜カレー……56
ピーマンとベーコンのみそ汁……102
ピーマンとじゃこの昆布スープ……104
ピーマンとザーサイのピリ辛スープ……105

【ブロッコリー】
ブロッコリーと厚揚げのごまみそ汁……36
ブロッコリーとトマトの酸辣湯……38
ブロッコリーとえびのカレースープ……40

【オクラ】
オクラと卵のかきたま汁……98
オクラと長いものスープ……100
オクラと鶏肉の卵スープ……101

【キャベツ】
鮭と野菜のミルクスープ……70
キャベツとハムのサワースープ……80
キャベツとさんま缶の中華スープ……82
キャベツとソーセージのポトフ……84
豆入りミネストローネ……118

【にんにく】
かぼちゃのピリ辛野菜カレー …… 56
白菜と鶏小判のトマトスープ …… 61

【しそ】
なすと豚ひき肉のしそスープ …… 92

【パセリ】
にんじんとパセリのカレースープ …… 28
プチトマトとツナのクリームスープ …… 88

【バジル】
プチトマトとサバ缶のバジルスープ …… 90

【豆苗】
にんじんと油揚げの和風スープ …… 30
鮭と豆苗、まいたけのみそ汁 …… 71

【コーン缶】
なめコーンスープ …… 110
えのきとコーンのかきたまスープ …… 112

【きのこ】
たまねぎたっぷりビーフシチュー …… 20
ブロッコリーとトマトの酸辣湯 …… 38
きのこと牛肉のスープ …… 48
きのこと豆腐の担々スープ …… 50
きのことトマトの玄米リゾット …… 52
鶏小判の春雨スープ …… 60
白菜と鶏小判のトマトスープ …… 61
鮭と豆苗、まいたけのみそ汁 …… 71
なめコーンスープ …… 110
えのきとコーンのかきたまスープ …… 112
なめこと鶏ひき肉のほうじ茶リゾット …… 114

肉・加工品

【鶏肉】
長ねぎと鶏皮の塩スープ …… 42

【かぼちゃ】
かぼちゃと鶏肉の豆乳シチュー …… 54
かぼちゃのピリ辛野菜カレー …… 56
かぼちゃと鶏肉の押し麦リゾット …… 57

【長いも】
オクラと長いものスープ …… 100

【ごぼう】
豚とごぼうのみそうどん …… 76

【大根】
くるくる豚汁 …… 72

【かぶ】
かぶとツナの和風スープ …… 62
かぶとえびのとろみスープ …… 64
かぶと切り干し大根のスープ …… 66

【ねぎ・刻みねぎ・青ねぎ】
長ねぎと鶏皮の塩スープ …… 42
長ねぎと豚のキムチスープ …… 44
焦がしねぎと鶏肉のスープ …… 46
くるくる豚汁 …… 72
なめこと鶏ひき肉のほうじ茶リゾット …… 114

【しょうが】
長ねぎと鶏皮の塩スープ …… 42
長ねぎと豚のキムチスープ …… 44
焦がしねぎと鶏肉のスープ …… 46
白菜と鶏小判の塩スープ …… 58
鶏小判の春雨スープ …… 60
かぶとえびのとろみスープ …… 64
鮭とじゃがいものバターみそ汁 …… 68
なすと豚肉のエスニック風スープ …… 96
チンゲン菜とくずし豆腐の精進スープ …… 106

かぶと切り干し大根のスープ……66
キャベツとさんま缶の中華スープ……82
プチトマトとサバ缶のみそスープ……86
プチトマトとツナのクリームスープ……88
プチトマトとサバ缶のバジルスープ……90

【鮭】
鮭とじゃがいものバターみそ汁……68
鮭と野菜のミルクスープ……70
鮭と豆苗、まいたけのみそ汁……71

【えび】
ブロッコリーとえびのカレースープ……40
かぶとえびのとろみスープ……64

【昆布・魚介加工品】
かぶとツナの和風スープ……62
キャベツとソーセージのポトフ……84
オクラと長いものスープ……100
ピーマンとじゃこの昆布スープ……104
チンゲン菜と豆腐のあっさり梅スープ-108

乳製品

【牛乳】
にんじんとサラダチキンのスープ……26
にんじんとパセリのカレースープ……28
鮭と野菜のミルクスープ……70
プチトマトとツナのクリームスープ……88
豆とミートソース缶のクイックスープ……116
豆入りミネストローネ……118

【バター】
シンプルオニオンスープ……16
パン入りのオニオンスープ……18
たまねぎたっぷりビーフシチュー……20
たまねぎたっぷりビーフシチュー……20
鮭とじゃがいものバターみそ汁……68

【チーズ】
シンプルオニオンスープ……16
パン入りのオニオンスープ……18
豆入りミネストローネ……118

焦がしねぎと鶏肉のスープ……46
かぼちゃと鶏肉の豆乳シチュー……54
かぼちゃのピリ辛野菜カレー……56
かぼちゃと鶏肉の押し麦リゾット……57
オクラと鶏肉の卵スープ……101
チンゲン菜と鶏肉の中華スープ……109

【豚肉】
小松菜と豚肉のケチャップスープ……32
長ねぎと豚のキムチスープ……44
くるくる豚汁……72
カレーくるくる豚汁……74
豚とごぼうのみそうどん……76
なすと豚肉のエスニック風スープ……96

【牛肉】
たまねぎたっぷりビーフシチュー……20
肉じゃがスープ……25
きのこと牛肉のスープ……48

【ひき肉】
たまねぎと牛ひき肉の塩スープ……22
たまねぎトマトカレー……24
もち麦と鶏ひき肉のリゾット……34
白菜と鶏小判の塩スープ……58
鶏小判の春雨スープ……60
白菜と鶏小判のトマトスープ……61
なすと豚ひき肉のしそスープ……92
麻婆なす風スープ……94
なめこと鶏ひき肉のほうじ茶リゾット……114

【ベーコン・ハム・肉加工品】
にんじんとサラダチキンのスープ……26
にんじんとパセリのカレースープ……28
キャベツとハムのサワースープ……80
キャベツとソーセージのポトフ……84
ピーマンとベーコンのみそ汁……102
ピーマンとザーサイのピリ辛スープ……105
ミートソース缶のトマトペンネ……120

魚介・加工品

【サバ缶・ツナ缶・魚介缶】
かぶとツナの和風スープ……62

【玄米】
きのことトマトの玄米リゾット……52

【パスタ】
ミートソース缶のトマトペンネ……120

【うどん】
豚とごぼうのみそうどん……76

【春雨・寒天】
鶏小判の春雨スープ……60
ピーマンとザーサイのピリ辛スープ……105

【切り干し大根】
かぶと切り干し大根のスープ……66

【キムチ】
長ねぎと豚のキムチスープ……44

【トマトペースト】
きのことトマトの玄米リゾット……52
白菜と鶏小判のトマトスープ……61

【カレールウ・カレー粉】
にんじんとパセリのカレースープ……28
ブロッコリーとえびのカレースープ……40
かぼちゃのピリ辛野菜カレー……56
カレーくるくる豚汁……74

【ごま】
ブロッコリーと厚揚げのごまみそ汁……36
きのこと豆腐の担々スープ……50
かぶと切り干し大根のスープ……66

【ザーサイ・きくらげ】
ピーマンとザーサイのピリ辛スープ……105
チンゲン菜と鶏肉の中華スープ……109

【ラー油】
ブロッコリーとトマトの酸辣湯……38
きのこと豆腐の担々スープ……50
麻婆なす風スープ……94

卵・大豆加工品

【卵】
小松菜と卵焼きのスープ……35
オクラと卵のかきたま汁……98
オクラと鶏肉の卵スープ……101
えのきとコーンのかきたまスープ……112

【豆腐】
きのこと豆腐の担々スープ……50
チンゲン菜とくずし豆腐の精進スープ……106
チンゲン菜と豆腐のあっさり梅スープ……108

【油揚げ】
にんじんと油揚げの和風スープ……30

【厚揚げ】
ブロッコリーと厚揚げのごまみそ汁……36
ブロッコリーとトマトの酸辣湯……38
ブロッコリーとえびのカレースープ……40

【しらたき】
くるくる豚汁……72

【豆乳】
きのこと豆腐の担々スープ……50
かぼちゃと鶏肉の豆乳シチュー……54
かぼちゃのピリ辛野菜カレー……56

調味料・そのほか

【レトルト缶】
たまねぎたっぷりビーフシチュー……20
豆とミートソース缶の
クイックスープ……116
豆入りミネストローネ……118
ミートソース缶のトマトペンネ……120

【もち麦・押し麦】
もち麦と鶏ひき肉のリゾット……34
かぼちゃと鶏肉の押し麦リゾット……57
なめこと鶏ひき肉のほうじ茶リゾット……114

おわりに

「スープジャーの本を作りませんか？」と言われたとき、働き者の若い友人のことを思い浮かべました。お昼に何を食べているの？　と聞いたら、いつもスマホでSNSをチェックしつつ、会社のデスクでコンビニのおにぎりやサンドイッチを食べていると言っていました。

ふと、みんなのお昼休みがただ効率的に栄養や情報を取るだけの時間ではなく、「自分を大切に扱う時間」になったらいいなと思いました。仕事も、家事も、人づき合いも、誰かのために生きている時間です。たまには自分のために、自分の体や心に向き合ってあげる時間があってもいい。お昼休みをその時間にあてるのは、ありなんじゃないか。そう思ったのです。

料理に手をかけられない人でも、スープジャーなら時間を味方につけられます。朝、さっと仕込んで、お昼の時間にふたを開ければ、その間にじわじわ味がしみこんでやわらかく煮えたスープが、待ってくれています。シンプルな手作りスープは体にもやさしいですが、その効用は栄養だけではありません。あたたかい料理を食べると、人はなぜか自分が大切にされている感覚を持つことができます。食べること自体が癒やしになるのです。

公園の青空の下で食べるようなくつろぎのスープで、忙しくがんばっている人たちのお昼休みがほっとする時間になれば、嬉しいです。

2019年10月　有賀薫

有賀 薫 ありが・かおる

スープ作家。2011年から7年間、約2800日にわたって、朝のスープ作りを日々更新。スープの実験室「スープ・ラボ」をはじめ、イベントや各種媒体を通じ、おいしさに最短距離で届くシンプルなレシピや、日々楽に料理をする考え方などを発信している。著書に『365日のめざましスープ』(SBクリエイティブ)、『スープ・レッスン』(プレジデント社)、『おつかれさまスープ』(学研プラス)。『帰り遅いけどこんなスープなら作れそう』(文響社)で、第5回料理レシピ本大賞入賞。

デザイン	岡 睦 (mocha design)
撮影	中島慶子 (マガジンハウス)
	鈴木真貴 (著者近影)
スタイリング	加藤洋子
編集協力	ループ
DTP	株式会社アド・クレール
撮影協力	サーモス株式会社 ☎0570-066966

朝10分でできる スープ弁当

2019年10月24日　第1刷発行
2019年11月11日　第2刷発行

著　者	有賀 薫
発行者	鉄尾周一
発行所	株式会社マガジンハウス
	〒104-8003　東京都中央区銀座3-13-10
	書籍編集部　☎03-3545-7030
	受注センター　☎049-275-1811
印刷・製本	凸版印刷株式会社

©2019 Kaoru Ariga, Printed in Japan
ISBN978-4-8387-3040-7 C2077

乱丁本、落丁本は購入書店明記のうえ、小社制作管理部宛にお送りください。送料小社負担にて、お取り替えいたします。ただし、古書店等で購入されたものについてはお取り替えできません。定価は帯とカバーに表示してあります。本書の無断複製(コピー、スキャン、デジタル化等)は禁じられています(ただし、著作権法上の例外を除く)。断りなくスキャンやデジタル化することは著作権法違反に問われる可能性があります。

マガジンハウスのホームページ　http://magazineworld.jp/